Bibliografische Information der Deutschen Nationalbibliothek:

Die Deutsche Bibliothek verzeichnet diese Publikation in der Deutschen National-
bibliografie; detaillierte bibliografische Daten sind im Internet über http://dnb.d-
nb.de/ abrufbar.

Impressum:

Copyright © 2017 GRIN Verlag
Druck und Bindung: Books on Demand GmbH, Norderstedt Germany
ISBN: 9783668671492

Monique Feistel

Picassos Frauendarstellungen in "Die Frauen von Algier, Version O"

GRIN Verlag

Martin- Luther Universität

Halle- Wittenberg

Philosophische Fakultät I

Institut für Kunstgeschichte und Archäologien Europas

Wintersemester 2016/17

Seminar: Picasso

Hausarbeit

Picassos Frauendarstellungen am Beispiel „Die Frauen von Algier, Version O"

Vorgelegt von: Monique Feistel

1. Einleitung

Pablo Picasso (Abb.1) (1881- 1973)[1] war spanischer Maler, Bildhauer und Graphiker. Seine enorme Anzahl an Werken umfasst Gemälde, Zeichnungen, Graphiken, Collagen, Plastiken und Keramiken. Von der Blauen Periode über die Rosa Periode bis hin zum Kubismus und Surrealismus erstreckt sich die Vielfalt seines Schaffens. Im Rahmen des Picasso Seminars habe ich mich mit dem Werk „Die Frauen von Algier, Version O" (Abb.2) beschäftigt. Dieses Gemälde von 1955 greift sowohl den Kubismus, wie auch den Surrealismus auf und treibt diese bis zum Höhepunkt. Im Verlauf dieser Hausarbeit werde ich intensiv auf die Version O eingehen, dabei weniger auf die Serie (Abb.3), welche 1954 begann und insgesamt mit 15 Versionen 1955 endet. Um sich dem Thema der dargestellten Haremsszene nähern zu können wird vorerst auf die Vorlage Delacroix „Frauen von Algier" (Abb.4) 1834 eingegangen und im weiteren Verlauf die Beziehung von Matisse zu Picasso erläutert, da nach dessen Tod erst die Malweise der Version O, so wie wir sie heute kennen, möglich wurde. Das Hauptaugenmerk soll jedoch auf der Darstellung der Frauen im Gemälde liegen. Die wichtigsten Frauenabbildungen aus Picassos Gesamtwerk vor und nach dem Erscheinungsdatum der Version O werden aufgezeigt und es wird Versucht werden Gemeinsamkeiten zu finden, bzw. Anhaltspunkte, ob eine Frau aus Picassos Leben Einfluss auf die Darstellungen der „Frauen von Algier" hat oder ob diese rein als ideale Haremsfrauen abgebildet wurden. Ein weiterer Punkt wäre, zu klären, ob aufgrund der Version O Frauenbildnisse im Spätwerk beeinflusst sind, sowohl vom Orientalismus als auch von der Konzeption der Version O. Schlussendlich wird versucht werden eine Aussage darüber zu treffen, inwieweit Picassos Version O der Vorlage von Delacroix gleicht und welche Absichten mit der Darstellungsweise des Kubismus und Surrealismus sowie einzelner Konstellationsmerkmale verfolgt wurden. Kann man sich mit den Frauen identifizieren? Wie wirkt das Werk auf uns? Welchen Einfluss das Werk auch heute noch auf den Betrachter ausübt und welchen Wert es in unserer Gesellschaft einnimmt ist nicht zu Letzt an der hohen Versteigerungssumme abzulesen. Mit 180 Millionen Dollar[2] zählen Picassos „Frauen von Algier" zu den teuersten versteigerten Bildern weltweit.

---

[1] http://www.biography.com/people/pablo-picasso-9440021 (07.02.2017)
[2] Woeller, Markus: Entdecken Sie die Geheimnisse des Rekord- Picassos, https://www.welt.de/wirtschaft/article140870702/Entdecken-Sie-die-Geheimnisse-des-Rekord-Picassos.html, (07.02.2017)

2. Bildbeschreibung

1954 begann Picasso eine Reihe von 15 Bildern (Abb.3) nach dem Vorbild Delacroix`s „Frauen von Algier". Geschaffen auf Leinwand und nur mit einem Buchstaben bezeichnet endet die Serie 1955 mit der Version O[3] (Abb.2), welche im Folgenden näher beschrieben wird. Version O wurde ebenfalls in Öl auf Leinwand geschaffen mit den Maßen 114 x 146,4 cm. Derzeit befindet es sich in einer Privatsammlung. „Kubistisch, aber schon fast so plakativ wie Pop Art [...]"[4], mit diesen Worten beginnt Markus Woeller seinen Artikel über den Rekord- Picasso. In der Tat verbinden sich in Picassos „Frauen von Algier" Kubismus, Surrealismus und sogar realitätsnahe Formen. Dargestellt ist der Moment einer Harmensszene mit vier Frauen. Das Geschehen spielt sich in einem Innenraum ab. Zwei Frauen befinden sich im vorderen Bildrand, die linke sitzend und die Rechte liegend. Im Hintergrund scheint sich eine Art Durchgang zu befinden, durch die eine dritte Frau sichtbar wird. Es ist nicht ganz ersichtlich, ob es sich hierbei um eine Tür handelt, welche zwei Räume miteinander verbindet, oder ob es ein Bild mit dem Abbild einer Frau darstellt, welches an der Wand hängt. Von der besagten Tür erstreckt sich eine rote Treppe, auf der die vierte Frau in den Innenraum hinabsteigt. Sie befindet sich zentral im Bild. Betrachtet man nun die Figuren genauer, so fällt auf, dass die weiblichen Merkmale stark symbolisch herausgearbeitet sind. Klar sind immer die Brüste zu erkennen, sowie bei zwei der vier Frauen die starken Rundungen des Hinterteils und eine schmale Hüfte. Diese Merkmale weisen eindeutig auf Frauen hin. Die „Hauptfigur" links im Bild unterscheidet sich von der Darstellungsweise der anderen Frauen. Sie nimmt die gesamte Höhe des Bildes ein und füllt damit ein Drittel des gesamten Bildes. Vor ihr steht eine Wasserpfeife hinter der sie sitzt. Sie ist als einzige Frau bekleidet in typisch orientalischem Gewand, jedoch sehr freizügig, welches auch auf die Frau eines Harems deutet. Ihr Körper ist aus runden Formen modelliert und scheint realitätsnah. Auf ihrem Kopf trägt sie eine Kopfbedeckung mit einem Schleier, welcher über ihr langes gelocktes Haar auf die Schultern fällt. Klar erkennt man den Kopf mit den Gesichtszügen. Dieser erscheint im Proportionsverhältnis zum Körper viel zu klein. Zu ihrer Rechten liegt auf einem gelb gestreiften Teppich die zweite Frau. Sie hat ihre Füße hoch gelegt. Ihre Arme scheint sie hinter dem Kopf verschränkt zu haben in Richtung der ersten Frau. Ihr Körper ist bestimmt durch rein geometrische Formen (Linie, Kreis, Dreieck, Rechteck). Der Kopf ist kaum zu erkennen. Die Figur scheint in sich verdreht, da der Oberkörper in Frontalansicht und das Unterteil in Seitenansicht dargestellt ist. Hinter ihr steigt die dritte Frau mit einem Tablett und einer Tasse die Stufen herab. Das Hinterteil und die Brüste sind frontal, während der Rest des

---

[3] Ausst. Kat. Picasso 1900-1955 (München E. V. Haus der Kunst 25.10- 18.12 1955, Rheinisches Museum Köln-Deutz 30.12- 29.2. 1956, Kunstverein in Hamburg Kunsthalle- Altbau 10.3.- 29.4.1956), München 1955-56, S.121.
[4] Vgl. Woeller

Körpers von der Seite zu sehen ist. Von der Darstellungsweise unterscheidet sie sich nicht von Frau Nummer 2. Der Kopf ist nur als kleine Kugel angedeutet. Ähnlich verhält es sich bei der vierten Frau. Die Körperteile sind kaum noch erkennbar. Lediglich die hervorstechenden Brüste und der Bauchnabel erscheinen menschlich. Die Gestaltung des Innenraumes ist durch geometrische Muster mit Verzierung bestimmt. Der Hintergrund ist in einem dunklen Blau gehalten, der Fußboden ist rot mit Rautenmuster gestaltet. Am rechten Bildrand erstreckt sich ein Band von Vierecken mit Streifen in Gelb und Grün. Immer wieder erscheinen zwischen den Figuren farbige Flächen mit Mustern, welche das Gemälde collagenartig erscheinen lassen. Die Frauen sind ebenfalls farbig gestaltet. Dominierend ist hier die Farbe Blau in verschiedenen Abstufungen. Dazwischen finden sich Akzente in Geld, Rot und Grün. Weiß und Schwarz wird verwendet zur Absetzung von Flächen. Auffällig ist, dass es keine Berührungen zwischen den Figuren gibt. Sie scheinen nicht miteinander zu agieren. Jede Figur könnte unabhängig im Raum eingebracht werden.

3. Biographische Einordnung- Picasso und Matisse

Henri Matisse (1869- 1954) war ebenso wie Picasso Maler, Graphiker, Zeichner und Bildhauer. Gemeinsam mit Picasso zählte er zu den bedeutendsten Künstlern der Moderne. Er war Wegbegleiter des Fauvismus und Begründer des Expressionismus.[5] Bevor er sich zum engsten Freundeskreis Picassos zählen konnte, waren die Beiden Rivalen. Allerdings wurden beide vom Stil des jeweils anderen inspiriert.[6] Matisse Werke sind geprägt von Schönheit, Freude, Farbigkeit und Ordnung, wohin gegen Picasso für das zerstörerische steht. Neben Landschaften, Frauen und verschiedenen Künsten widmete sich Matisse in seinen Werken auch orientalischen Einrichtungen. Bereits im 19. Jahrhundert hatte sich Matisse mit dem Thema des Orients beschäftigt. Mit seiner Vision vom Osten war er nicht allein, denn in Frankreich herrschte seit Mitte des 18. Jahrhunderts der Wille, Traditionen und Abbilder des Orients mit zu integrieren. Diese „Turkomanie", wie sie im Artikel von Ann- Katrin Hahn benannt wird[7], hatte sich schon in Theater, Mode und Literatur ausgebreitet, bevor sie auch die Kunst erreichte. Matisse schuf bis zu seinem Tod zahlreiche Werke mit Frauen in Orientalischer Tracht (Abb.5). Im Unterschied zu Picassos „Frauen von Algier" sind diese oft allein abgebildet, sitzend oder liegend und häufig bekleidet. Dagegen ist bei Picasso der Reiz der Nacktheit im Vordergrund. In Matisse Werken steht das Motiv der Odaliske im Vordergrund. Dies bezeichnet eine Haremsdienerin, welche nackt oder nur mit einem durchsichtigen Schleier bekleidet auf dem

---

[5] http://www.kunst-zeiten.de/Henri_Matisse-Leben (09.02.2017)
[6] Trachtmann, Paul: Matisse und Picasso, http://www.smithsonianmag.com/arts-culture/matisse-picasso-75440861/ (09.02.2017)
[7] Hahn, Ann- Katrin: Alle Frauen aus dem Orient sind Odalisken. Das Bild der Haremsfrau in der französischen Malerei des Orientalismus, in: Müller, Markus (Hrsg.): Henri Matisse. Figur und Ornament, S. 7-47

Boden liegend dargestellt wird.[8] In Picassos Version O hat er dieses Motiv auf die Hauptfigur links im Bild übertragen. Für Picasso wie auch Matisse war der Reiz am Motiv der Haremsszene die Darstellung eines Frauenaktes. Matisse hatte selbst einen Blick auf die freizügigen Frauen werfen können, auf seiner Reise nach Marokko[9], wohingegen Picasso, inspiriert vom Werk Delacroix, sich an einem Werk orientierte und seine eigenen Ideen und Wünsche integrierte. Doch auch bei Matisse bleibt es nicht fern, dass er nach eigenem Gefallen seine Vorzüge einer Frau aufzeigte. Dies ist sogar glaubwürdig wenn man bedenkt, dass Matisse auf Fröhlichkeit, Ruhe und dergleichen Wert legte. Seine Bilder erinnern an reiche Haushalte, glückliche Frauen die ihre Arbeit gerne tun und ein Ambiente zum wohlfühlen. Betrachtet man die bekannten Verhältnisse und Armutszustände in weiten Teilen des Ostens (Abb.6) ist es schwer vorstellbar, dass die Werke den normalen Alltag einer Odaliske verdeutlichen sollen. Viel mehr erscheinen sie beschönigt, die Frauen idealisiert. Die bunten kräftigen Farben scheinen den Betrachter einladen zu wollen und die dekorativen Muster an Wänden und Teppichen, sowie die aufgetischten Speisen deuten auf Wohlstand. Picasso dagegen hatte in seinen frühen Werken eher schwache Farben verwendet. Dies änderte sich mit dem Tod Matisse 1954. Inspiriert von dessen Malerei war der Tod von Matisse der Auslöser für einen Umbruch[10]. Von nun an stand Picasso den grellen bunten Farben nicht mehr misstrauisch gegenüber. Sie fanden im Laufe der Serie „Frauen von Algier" in Version O ihre volle Entfaltung. Die Frage ob er nun seine Odaliske nach Vorbild von Matisse geschaffen hat bleibt weiterhin offen. Denkbar wäre, dass er ihm zu Ehren in seinem kubistisch- surrealistischen Werk, eine von Matisse weicher harmonischer Formgebung nachgeahmte Frau einbrachte. Unbestreitbar bleibt jedoch der Einfluss der Farbgebung.

4. Die Vorlage von Delacroix

4.1. Die Darstellung der Frauen und ihre Konstellation

Um sich dem Thema des Harems zu nähern, soll erst einmal erläutert werden, um was es sich dabei handelt. Recherchiert man nach der Bedeutung, so stößt man auf Erläuterungen wie „(In den Ländern des Islams) abgetrennte Frauenabteilung der Wohnhäuser, zu der kein fremder Mann zutritt hat"[11] und „eine größere Anzahl von Frauen eines reichen Orientalischen Mannes." Im Westen hat sich über Jahrhunderte hinweg die Vorstellung festgesetzt, dass in einem Harem

---

[8] Vogel, Sabine: Picasso „Les femmes d`Alger", http://sabinebvogel.at/picasso-le-femmes-d%C2%B4algier/ (09.02.2017)
[9] Müller, Markus: Ornament ist kein Verbrechen. Das Dekorative als Bildkonzept bei Henri Matisse, in: Müller, Markus (Hrsg.): Henri Matisse. Figur und Ornament, S.85- 182
[10] Prof. Goeppert, Sebastian: Konkordanz von Form und Farbe, http://www.malweiber.de/news/tate.htm (09.02.2017)
[11] http://www.duden.de/rechtschreibung/Harem (10.02.2017)

hübsche junge und leicht bekleidete Frauen leben, welche einem Mann zur Verfügung stehen. Diesem Klischee wird oft versucht dagegen zu setzen. Emine Erdogan äußerte einmal die Worte: „Der Harem war eine Schule für Mitglieder der osmanischen Dynastie und eine Lehreinrichtung, in der Frauen auf das Leben vorbereitet wurden."[12] Auch in der Kunst blieben diese Überlegungen um das Thema des Harems nicht aus. Ein weiterer französischer Künstler, der sich damit auseinander setzte war Eugène Delacroix (1798- 1863). 1834 schuf er sein Werk „Frauen von Algier" (Abb.4), welches sich heute im Louvre befindet. Angeblich soll er selbst einmal nach Algerien gereist sein und dort einen Blick in einen Harem geworfen haben.[13] In seinem Werk sind vier Frauen dargestellt, welche sich in einem Innenraum befinden. Zwei Frauen sitzen zentral im Bild, die rechte hält dabei eine Wasserpfeife. Die Frau in der linken unteren Bildecke lehnt sich nach hinten über ein Kissen. Rechts steht die vierte Frau mit dunklem Hauttyp. Wahrscheinlich ist sie die Dienerin der Haremsfrauen und will gerade das Geschehen verlassen. Die Frauen sind entgegen der häufig verbreiteten Vorstellung nicht nackt. Die drei sitzenden Frauen tragen eine Art Bluse und eine Hose, welche bis unter die Knie reicht. Die Kleidung ist hauptsächlich in Erdtönen gehalten, aber auch Weiß, Grün und Blau ist vertreten. Die Frauen sind mit zahlreichem Schmuck geschmückt, die Haare zu kunstvollen Frisuren hochgesteckt. Die vierte Frau sticht sowohl in ihrer Kleidung als auch von ihrer Position hervor. Sie überragt die drei anderen Frauen um fast eine halbe Körperhöhe und zieht damit den Blick auf sich. Sie trägt ebenfalls eine weiße Bluse mit einer blauen Weste darüber. Ihr blau- rot- gemusterter Rock reicht bis zu den Knöcheln. Auch sie wird von Schmuck geziert. Es ist die einzige Frau, welche eine Kopfbedeckung trägt. Ihr Körper ist gegen den Blick des Betrachters gewandt. Auch ihr Gesicht ist nur halb zu sehen. Die anzüglichen weiblichen Merkmale sind bei ihr schwach ausgeprägt oder nicht sichtbar, was die Behauptung unterstreicht, dass es sich bei dieser Frau nicht um eine Angehörige des Harems handelt, sonder nur um eine Dienerin. Die beiden Frauen zentral im Bild sind halb frontal und halb sich zueinander zugewendet. Wahrscheinlich waren sie in ein Gespräch vertieft. Ganz anders dagegen die linke Frau. Sie ist frontal ausgerichtet und blickt direkt zum Betrachter. Man erkennt die starken Rundungen ihrer Hüfte und den tiefen Ausschnitt. Zudem scheint ihr Blick den Betrachter magisch anzuziehen als würde sie ihn einladen. Im Moment scheinen die Frauen keiner Arbeit nach zu gehen. Sie rauchen gemütlich eine Wasserpfeife und scheinen sich zu entspannen. Der Ausschnitt dieser Szene erinnert an den Kontaktraum eines Bordells, in dem die Frauen neue Kunden anwerben. Dagegen spricht jedoch, dass die Frauen nicht in der angenommenen freizügigen Kleidung gezeigt werden. Sie werden

---

[12] Cieschinger, Almut: Was ist eigentlich ein Harem?, http://www.spiegel.de/politik/ausland/emine-erdogans-aeusserung-was-ist-eigentlich-ein-harem-a-1081705.html (10.02.2017)
[13] Vgl. Vogel

auch nicht repräsentativ vorgezeigt, sondern scheinen sich in einer gemütlichen Runde zusammen gefunden zu haben. Man könnte leicht eine Alltagsszene daraus entwickeln wenn nun noch Kinder herum tollen würden und die Frauen z.B. nähen würden. Es ist ein gewisser Wohlstand erkennbar. Die Wände und der Boden sind aus kunstvollen Fließen gefertigt. Der Raum wird durch einen großen bestickten Teppich getrennt und an der Wand hängt ein mit Gold gerahmter Spiegel. Immer wieder taucht der Goldton im Bild auf. Er zeigt sich in den Ornamenten der Kleidung, sowie auf Kissen und Decken. Delacroix scheint also den Harem eines reichen Algeriers betreten zu haben.

4.2. Orientalismus in Picassos Malerei

Für Picassos „Frauen von Algier" (Abb.2) hatte er sich das Werk Delacroixs (Abb.4) zum Vorbild genommen.[14] Dies weicht jedoch sowohl im Stil als auch in der Bildkomposition vom Vorgänger ab. Picasso übernimmt die Anzahl der vier Frauen, verändert aber deren Position und Haltung. Wie bereits in der Beschreibung erläutert befindet sich die Odaliske links im Bild, welche mit ihrer Größe die gesamte Bildhöhe einnimmt. Wie in Delacroix`s „Frauen von Algier" sitzt sie eine Wasserpfeife rauchend. Hinzu kommt mit der Frau rechts daneben das Motiv der liegenden Frau, welche entspannt die Füße hochgelegt und die Arme hinter dem Kopf verschränkt hat. Die dritte Frau bringt den Tee. Es ist möglich, dass diese die Dienerin der Haremsfrauen ist und beauftragt ist die Getränke und Speisen zu servieren. Sie befindet sich nicht, wie bei Delacroix im Bild, im Vordergrund mit überragender Größe, sondern übernimmt eine untergeordnete Rolle im Hintergrund. Allerdings sind keine Änderungen der Hautfarbe erkennbar und Kleidung ist wie bei drei den zwei anderen Frauen nicht vorhanden. Dies macht es unmöglich genau festzustellen ob es sich hier um eine Dienerin oder Haremsfrau handelt. Die vierte Frau befindet sich zwischen der Odaliske und der Tee bringenden Frau, jedoch noch hinter dem Durchgang zum Raum. Die Frau ist nur in ihren Grundzügen erkennbar und unterscheidet sich nicht von den anderen beiden. Die Tür, sowie die Treppe als Verbindung der zwei Räume verstärken die Tiefenwirkung des Raumes. Dies ist eine grundlegende Erweiterung zur Vorlage Delacroix. Auch in der Interaktion der Figuren fallen Unterschiede auf. Während die zwei sitzenden Frauen in Delacroix´s Werk sich einander zuwenden und zusammen die Wasserpfeife zu rauchen scheinen, ist bei Picasso keine Interaktion zu erkennen. Weder berühren sich die Frauen, noch wenden sie sich einander zu oder Tauchen Blicke aus. Dies liegt auch darauf begründet, dass bei Picasso der Kopf nur kreisförmig gemalt ist, ohne Augen oder Gesichtszüge. In vorherigen Werken hatte Picasso den Kopf der liegenden Frau auf die Beine der Odaliske gebettet und diese somit als Wächterin der Schlafenden dargestellt. In Version O ist eine Lücke

---

[14] Elgar, Frank und Maillard, Robert: Picasso, München 1956, S. 258

zwischen den beiden deutlich zu erkennen. Die Nähe der Figuren ist nicht mehr verdeutlicht. Vielleicht spielte es keine Rolle mehr die Frauen zueinander zärtlich zu zeigen, sie sollten vielmehr für den Betrachter und Besucher des Harems sexuell anziehend wirken. Die Erotik der Szene ist bei Picasso um ein vielfaches verschärft. Schon auf den ersten Blick fällt die Nacktheit der Frauen auf. Ihre fülligen Brüste und starken Rundungen der Hüften verdeutlichen die Weiblichkeit. Während bei Delacroix die Frauen bekleidet sind, ist bei Picasso nur die Odaliske teilweise bedeckt. Sie trägt eine Art Rock, wobei der Bauch unbedeckt ist. Ihr Oberkörper wird durch eine dünne Bluse und Weste kaum bedeckt. Die Brüste sind entblößt. Typisch für die Tracht des Ostens trägt sie eine Kopfbedeckung mit einem weiten Schleier. Genau wie bei Delacroix, ist ihr Körper frontal und der Blick zum Betrachter geradeaus gerichtet. Die zarten Gesichtszüge, der kleine rote Mund und die großen Augen scheinen das Ideal einer Frau wiederzugeben. Picasso hat nicht nur die Vorlage von Delacroix weiterentwickelt, sondern auch das Hauptaugenmerk auf die Erotik und sexuelle Anziehungskraft einer Frau gelegt. Damit erfüllt er das Klischee der westlichen Bevölkerung, dass in einem Harem nur bildhübsche junge Frauen leben, welche wenig oder nur durch einen leichten Schleier bekleidet sind. Das Thema der Haremsszene scheint Picasso auch dahin gehend interessiert zu haben, da er nun die Möglichkeit hatte junge, nackte Frauen abbilden zu können und somit seine eigenen sexuellen Fantasien mit einzubringen.

5. Vergleich von Frauendarstellungen Picassos mit der Version O

Picasso hat im Laufe seiner 92 Jahre mit unzähligen Frauen Bekanntschaft gemacht. Ob nun als kurze Liebschaft oder Längere Beziehung, sogar Kinder soll er das eine oder andere Mal gezeugt haben. Schon mit 15 Jahren beginnt er Frauenabbilder auf Papier zu bringen. Die dargestellten Frauen haben sein Leben für kurze oder längere Zeit bewegt. Laut Ingrid Mössinger waren es „durchweg [um] unkonventionelle, selbstständige Persönlichkeiten mit eigenen Ambitionen.“[15]Fast alle Frauen kamen aus einem künstlerischen Umfeld, z.B. Sängerin, Schauspielerin oder Tänzerin. Behält man den Gedanken im Hinterkopf, dass ihn immer seine derzeitige Liebste zu neuen Arbeiten inspirierte, so stellt sich die Frage ob in „Frauen von Algier“ Version O eine seiner Liebschaften abgebildet wurde. Problematisch ist schon das Bild einem bestimmten Stil beizuordnen. Gemäß seiner Entstehungszeit 1955 nähert sich das Werk schon fast der Zeit der Spätwerke Picassos. Mit dem dort oft verbreiteten Surrealismus, mit welchem er sich schon in den 30er Jahren erstmalst beschäftigt hatte, schuf er eine große Anzahl prägnanter und aussagekräftiger Werke. Oft verarbeitet ist hier seine Muse Dora Maar, welche er

---

[15] Mössinger, Ingried; Ritter, Beate; Drechsel, Kerstin (hrsg.), Picasso et les femmes. Kunstsammlungen Chemnitz (22.12.2002- 19.1.2003) S.8

aufgrund ihrer psychischen Verfassung in einigen surrealistischen Werken als „Weinende Frau"
abbildete. Die verschobenen, verdrehten und unrealistischen Formen lassen sich in der Version
O nur in Zusammenhang mit den dominierenden geometrischen Formen erkennen. Er könnte
hier die Idee des Kubismus, welche er nach 1937 wieder aufnahm, mit eingebracht haben.[16] Mit
der Odaliske bringt er den vor allem in den ersten Schaffensjahren verwendeten Realismus mit
ein. Siegfried Gohr beschreibt in seinem Aufsatz „Die Wiederkehr der kubistischen Elemente in
der Malerei von Picasso nach 1937" die Darstellungsweise nach 1937 so: „Ganz unmittelbar
werden Körper und Linien in die Bilder eingebracht, ohne Skrupel vor runden Formen oder
quasi- organischen Konstellationen."[17]Er sagt, dass bereits 1907/8 unregelmäßige geometrische
Flächen so konzipiert wurden, dass eine schematische Figur entsteht. Die räumliche und
plastische Ansicht der Flächen entsteht dann durch die Farbe und Schraffur (Abb.7).[18] Betrachtet
man die „Frauen von Algier" Version O fallen genau die beschriebenen stilistischen Merkmale
auf, welche schon 1907/8 seine Werke bestimmten. Doch nun wenden wir den Blick wieder auf
das Hauptmotiv des Bildes, den Frauen. Da die drei Frauen der rechten Bildhälfte einheitlich und
nur in den Grundformen wiedergegeben sind kann man an ihnen keine bestimmten Merkmale
ableiten, welche Aufschluss darüber geben könnten, ob Picasso die Merkmale einer seiner
Musen mit eingebracht hat oder nicht. Aufschluss darüber kann nur die Odaliske, links im Bild,
geben. Um Gemeinsamkeiten feststellen zu können ist es erforderlich sich chronologisch mit den
wichtigsten Frauen in Picassos leben zu beschäftigen. Einige seiner wichtigsten Wegbegleiter
werden nun im Folgenden mit der Odaliske, oder auch mit den Körperhaltungen der drei anderen
Frauen im Bild, verglichen werden. Eine der ersten Frauen die Picasso in seinem Leben
inspirierte war seine Schwester Dolores Ruiz (Abb.8) (1884-1958), genannt Lola. Auch wenn sie
jünger war, stellte er sie in seinen Werken älter dar.[19] Auf dem „Portrait de la soeur de l`artiste"
(1898) ist sie sitzen in einem Sessel dargestellt. Sie trägt einen langen Rock und auf dem Kopf
eine Art Haube. Auch die Odaliske in Version O trägt einen langen Rock und eine in Falten
zusammen gelegte Kopfbedeckung welche hoch auf ihrem Kopf sitzt. Da er das Portrait seiner
Schwester allerdings mit 13 Jahren schuf ist ein Vergleich mit Version O eher ausgeschlossen.
Auch führen die Kleidungsmerkmale der Odaliske auf den Orientalismus zurück. Das Motiv der
hochgesteckten Haare und die Kopfbedeckung spielen aber auch in späteren Werken noch eine
Rolle. Ein weiteres Merkmal welches sich immer wieder durch die Arbeiten von
Frauendarstellungen zieht ist die Nacktheit dieser. Schon bereits im Frühwerk beginnt er mit

---

[16] Gohr, Siegfried, Die Wiederkehr kubistischer Elemente in der Malerei von Picasso nach 1937, in: Ausst. Kat.
Pablo Picasso. Eine Ausstellung zum 100. Geburtstag. Werke aus der Sammlung Marina Picasso (Haus der Kunst
München 14.2.-20.4.1981), Spieß, Werner (Hrsg.), München 1981, S.157
[17] Vgl. Gohr S.160
[18] Vgl. Gohr S.177
[19] Vgl. Mössinger, Ritter, Drechsel, S.20

nackten Frauenportraits, dabei ist es ihm nicht immer wichtig eine bestimmte Frau abgebildet zu haben. Es zeichnet sich auch bereist hier eine Vorliebe für Hochsteckfrisuren ab. Ganz anders dagegen tritt die Odaliske in seinem Werk aus. Das lange Haar fällt ihr in Locken über die Schultern. Ein weiteres Vergleichsmerkmal ist die Form des Gesichts, vor allem die Augen und Ausdruck des Mundes. Folgt man seiner Biografie, so tritt Anfang des 20. Jahrhunderts durch Picassos Liebe zur Literatur in Montparnasse, Suzanne Bloch (Abb.9) in sein Leben.[20]Auffällig ist ihr Haar, welches in dichten Locken ihren Kopf bedeckt. Vergleicht man das „Portrait de Colette" (1904) mit der Odaliske, so erscheint ihre orientalische Kopfbedeckung den wilden Locken Suzannes zu gleichen. Auch ihre Augen sind prägnant. Mit ausgefülltem Schwarz zeigt Picasso diese, umrahmt mit langen dicken Wimpern. Die Augen der Odaliske dagegen sind realitätsnahm mit einer runden schwarzen Pupille im weiß des Augenkörpers dargestellt. Betrachtet man das linke Auge genauer, so könnte man im äußeren Rand zwei dicke Wimpern erkennen. Es ist allerdings eher unwahrscheinlich, dass Picasso das Portrait der Suzanne Bloch als Vorlage nahm, da sie nur eine flüchtige Bekanntschaft und keine Liebesbeziehung war. Ganz anders dagegen Fernande Olivier (Abb.10) (1881-1966). Sie war die erste Frau mit der Picasso eine ernsthafte Beziehung einging. Sie blieben zusammen bis 1912. In dieser Zeit vollzog sich der Übergang von der Blauen zur Rosa Periode und die Zuwendung zum Kubismus 1908.[21] Auch mit diesem portraitierte er Fernande (Abb.11). Sie war die erste der sieben Frauen welche in den folgenden Jahren sein Leben prägten. Sie wurde einige Male als „charmante Odaliske" oder „la belle Fernande" bezeichnet.[22] Auf die Bezeichnung Odaliske deutet vor allem das Bild von Fernande und Benedetta Canals im Atelier von Canals (Abb.12) (1904) hin. Mit einem weiten weißen, teilweise löchrig gemusterten Schleier über den hochgesteckten Haaren ähnelt sie der Darstellungsweise der Odaliske in Version O. Ihr zartes Gesicht blickt verträumt. Die großen Augen in Version O spricht wiederum gegen einen Vergleich. Auch ist Fernande nicht annähernd in eine aufreizende Kleidung gehüllt, da Picasso zu dieser Zeit noch sehr eifersüchtig war und der nackte Anblick seiner Frau nur für seine Augen bestimmt. Trotz allem ist hier der erste Verweis zum Orientalischen zu finden. Eva Gouel (Abb.13) (1885-1915), welche 1911 zu Picassos Geliebter wurde, ist nicht nur deswegen interessant, weil sie die erste häusliche Frau in seinem Leben war, sondern auch weil mit ihr der Kubismus zunahm. Er versuchte Kubismus und natürliche Formen zu vereinen, um so Evas schönes Gesicht mit einbringen zu können.[23]Es ist nur sehr wenig über Eva Bekannt. Auch die meisten von Picassos Werken von ihr wurden erst nach seinem Tod entdeckt. Es handelt sich dennoch um sehr wenige Abbildungen, was einen

---

[20] Vgl. Mössinger, Ritter, Drechsel, S.56
[21] Vgl. Mössinger, Ritter, Drechsel, S.70/71
[22] Vgl. Mössinger, Ritter, Drechsel, S.72
[23] Vgl. Mössinger, Ritter, Drechsel, S.102-108

Vergleich zu seinem späteren Werk „Frauen von Algier" schwierig macht. Dennoch soll Picasso nach ihrem Tod noch oft von ihr gesprochen haben, vor allem ihr Gesicht soll ihn verzaubert haben. Mit dem rundlichen zarten Gesicht, dem schmalen Mund und der geradlinigen Nase, sowie den langen schmalen Augenbrauen (Abb.14) könnte ihr Gesicht Ähnlichkeit mit dem der Odaliske aufweisen, auch wenn Version O erst viel Jahre nach ihrem Tod entstand. Der Vergleich bleibt schwierig aufgrund des wenigen Bildmaterials. Weitaus mehr Werke gibt es von Picassos erster Frau Olga Khokhlova (1891-1955), später Olga Picasso (Abb.15). Nach seiner Rückkehr 1917 von einer Pompeji Reise war ihm die 10 Jahre jüngere Tänzerin sofort ins Auge getreten.[24] Nach Jean- Louis Andral war er „von ihrer tänzerischen Grazie und braven Weiblichkeit fasziniert" und ließ sie daher oft Modell sitzen. [25] In seinen Werken tritt diese Grazie fast immer zur Geltung. Das Haar trägt sie meist in einem Mittelscheitel am Nacken zusammen gebunden. Man sieht sie kaum lächelnd, meist mit geschlossenem Mund, die Lippen zu einer dünnen Linie zusammen gepresst. Ihr Blick ist meist verträumt, manchmal fast desinteressiert und abweisend. Diese Darstellungsweise ähnelt der der Odaliske in gewisser Weise, jedoch sind ihre großen Augen auf den Betrachter fixiert und scheinen ihn bannen zu wollen, wohingegen Olgas Gesichtsausdruck dem Betrachter nicht immer viel Freude bereiten würde. Allerdings könnte man Olgas Grazie auf die aufrecht sitzende Odaliske projizieren. In einem Werk hat er Olga, gleich der Odaliske, eine große Haube aufgesetzt, deren Schleier ihr über die Schultern fällt (Abb.16). Es wäre möglich, dass er einige Eigenschaften von ihr in sein Werk mit eingebracht hat, jedoch ist auch hier der zeitliche Unterschied erheblich. Auch betonte er nie die Nacktheit Olgas, wie sie bei „Frauen von Algier" gezeigt wird. Kurz nach seiner Trennung mit Olga lernte Picasso Dora Maar (Abb.17) (1907-1997) kennen. Mit ihr nahm auch die Darstellungsweise des Surrealismus zu.[26] Vor allem in den späteren Jahren ihrer Beziehung, in denen sich ihr psychischer Zustand zunehmend verschlechterte, wurden Picassos Werke von ihr bestimmt durch kantige, verschobenen Formen, sowie den Ausdruck von Trauer und Leid (Abb.18). Neben ihrem ebenfalls zarten Gesichtszügen und den vollen roten Lippen, gibt es in der Darstellungsweise kaum Gemeinsamkeiten zur Version O. Surrealismus könnte in den aus geometrischen Formen geschaffenen Frauen wieder zu finden sein, da ihr Körperteile ebenfalls verschoben sind. Bei der Odaliske tritt dies jedoch nicht auf. Es gibt allerdings Fotografien Dora Maars, in welchen sie in künstlerischer Verführung mit ihrem Gesicht posiert (Abb.19). Vor allem für den männlichen Betrachter präsentiert sie sich in anzüglicher Weise, wie man es bei einer Odaliske wohl eher vermuten würde. Ein direkter Vergleich zwischen Werken Doras und

---

[24] Vgl. Mössinger, Ritter, Drechsel, S.132/133
[25] Vgl. Mössinger, Ritter, Drechsel, S.136
[26] Vgl. Mössinger, Ritter, Drechsel,S. 206 ff.

den „Frauen von Algier" erweist sich als schwierig, da Picassos Sicht zur Dora wahrscheinlich gegen Ende ihrer Beziehung geprägt war von ihrer psychischen Unstabilität und ihm dieses zunehmend zuwider wurde. An eine Verbindung zu einer Haremsszene ist dabei weniger zu denken. Anders dagegen Jacqueline Hutin (1927-1986), später Jacqueline Picasso. Trotz ihres erheblich jüngeren Alters lernten sie sich 1952 kennen und verbrachten 20 Jahre zusammen, in den späteren Jahren als Ehepaar.[27] Wie im Artikel von Roland Doschka beschrieben, wusste sie sich gegen Picasso mit Stolz, Charme und Intelligenz zu beweisen und ließ sich nicht von ihm unterwerfen. Dies muss ihn sehr beeindruckt haben. Immer wieder bildete er sie in seinem Spätwerk ab. Nach Doschka ist es „eine Malerei voller Obsession und Vitalität, voller Expressivität und Rückbesinnung auf die Urformen der Kunst, auf die Einfachheit von Grundmustern und Lineamenten, auf archetypische Formen. Expressivität und Rückbesinnung auf die Urformen der Kunst, auf die Einfachheit von Grundmustern und Lineamenten, auf archetypische Formen.[28] Diese Einfachheit zeigt sich z.B. in seinem Werk „Jacqueline aux mains croissee" (Abb.20) (1954). Mit einfachen, linearen Muster gibt er Jacqueline wieder, wobei ihre Gesichtszüge trotzdem gut zur Geltung kommen. Die viel zu groß wirkenden Augen und die gerade spitze Nase, sowie der kleine geschlossene Mund ähneln der Odaliske bei „Frauen von Algier". Das Thema des Auges hat Picasso während der Zeit mit Jacqueline immer wieder aufgegriffen. Ihr Körper aus geometrischen Formen, vor allem Linien, verweist auf die drei weiteren Frauen der Haremsszene. Ein weiterer Verweis dafür, dass Jaqueline Picasso in Version O inspiriert hat ist, dass er sie schon einmal in einer typischen Tracht dargestellt hat, zwar als Arlesirin (Abb.21), dennoch ist ihm somit das Prinzip bekannt.[29] Dass er sie jedoch eher in Bezug zu Afrika bringt könnte gegen einen Vergleich sprechen. Nicht auszulassen ist allerdings das Argument, dass Jacqueline dem Frauentypideal in Delacroixs „Frauen von Algier" entspricht und Picasso ja dessen Werk als Vorlage verwendete. Da ist es naheliegend das Picasso seine neue Liebe abbilden wollte, immerhin wird sie in seinem Spätwerk „[...] zum Symbol der Weiblichkeit, der Schönheit, des männlichen Verlangens [...]"[30], alles Eigenschaften welche in einer Haremsszene von Nöten sind. Da Jacqueline zum Entstehungszeitpunkt der Version O Picassos Muse war, ist schwer anzunehmen, dass er eine andere seiner früheren Affären portraitierte, zumal sie den Ansprüchen einer Odaliske in nichts nachstand. Ihr Alter und Schönheit hätten von Picasso nicht einmal idealisiert werden müssen. Auch scheute er sich nicht

---

[27]Vgl. Mössinger, Ritter, Drechsel, S.320
[28] Vgl.Mössinger, Ritter, Drechsel, S.321
[29]Vgl. Mössinger, Ritter, Drechsel, S.322
[30]Vgl. Mössinger, Ritter, Drechsel, S.323

davor ihre nackte Weiblichkeit zur Schau zu stellen. Für David Douglas Duncan ist Picassos Liebe zu Jacqueline eines von zwei Schätzen in seinem Leben.[31]

6. Fazit

Nachdem man anfangs über das Thema der Haremsszene informiert wurde hat man einen ersten Einblick in das Werk „Frauen von Algier" bekommen. Ob nun zuerst von Matisse farbenfrohen, heiteren Odalisken beeinflusst oder von Delacroixs Figurenkonstellation in seinem gleichnamigen Werk „Frauen von Algier", Picassos Version O hat einen ganz eigenen Stil. Mit der Vermischung von realitätsnahen und geometrischen Formen verweist er nicht nur auf sein künstlerisches Können, sondern regt auch den Betrachter dazu an, sich über die Bedeutung dessen bewusst zu werden was er da sieht. Es braucht einige Zeit bis man alle Details entdeckt, und alle Teile zu einem Körper zusammen gesetzt hat. Umso mehr fällt der Blick auf die Odaliske links im Bild. Ohne Zweifel ist sie die Hauptfigur im Bild. Recherchearbeiten haben gezeigt, dass es immer wieder Ähnlichkeiten zu Frauenportraits in Picassos Werken gibt. Ob nun die prägnanten Augen von Suzanne Bloch oder die Grazie Olgas, können immer wieder Eigenschaften gefunden werden. Aufgrund der fehlenden Quellenlage ist es jedoch schwer eine genaue Aussage zu treffen. Denkbar bleibt weiterhin, dass er lediglich eine beliebige Frau abgebildet hat. Müsste ich mich für eine Muse Picassos entscheiden, würde ich auf Jacqueline tippen. Bei ihr stimmt nicht nur der Entstehungszeitraum der Version O mit dem Zeitraum der Beziehung überein. Auch die Eigenschaften ihres Gesichts könnte man auf die Odaliske übertragen. Ein weiterer Punkt ist, dass er sie in einer ähnlichen Tracht darstellte, auch wenn der Entstehungszweitraum dieser Werke teilweise erst nach Version O ist. Vielleicht schließt sich diese Forschungslücke noch in den kommenden Jahren. Die Beschäftigung mit diesem Thema hat gezeigt, dass trotz der Berühmtheit Picassos und seiner Werke nicht immer klare Aussagen darüber getroffen werden können, wer abgebildet ist, in welchem Kontext oder mit welcher Absicht. Vor allem bei dem großen Thema Frauen in Picassos leben scheute er keine Mühen und ihm gingen nie die Inspirationen aus. Auch wenn ich nicht alle meiner Frage klären konnte, so konnte ich einen Einblick in Problematik und in die Zusammenhänge des Werkes „Frauen von Algier" Version O bekommen.

---

[31]Vgl. Mössinger, Ritter, Drechsel,S.323

7. Bibliografie

Elgar, Frank und Maillard, Robert: Picasso, München 1956

Gohr, Siegfried, Die Wiederkehr kubistischer Elemente in der Malerei von Picasso nach 1937, in: Ausst. Kat. Pablo Picasso. Eine Ausstellung zum 100. Geburtstag. Werke aus der Sammlung Marina Picasso (Haus der Kunst München 14.2.-20.4.1981), Spieß, Werner (Hrsg.), München 1981

Hahn, Ann- Katrin: Alle Frauen aus dem Orient sind Odalisken. Das Bild der Haremsfrau in der französischen Malerei des Orientalismus, in: Müller, Markus (Hrsg.): Henri Matisse. Figur und Ornament

Müller, Markus: Ornament ist kein Verbrechen. Das Dekorative als Bildkonzept bei Henri Matisse, in: Müller, Markus (Hrsg.): Henri Matisse. Figur und Ornament

Mössinger, Ingried; Ritter, Beate; Drechsel, Kerstin (hrsg.), Picasso et les femmes. Kunstsammlungen Chemnitz (22.12.2002- 19.1.2003)

Ausst. Kat. Picasso 1900-1955 (München E. V. Haus der Kunst 25.10- 18.12 1955, Rheinisches Museum Köln- Deutz 30.12- 29.2. 1956, Kunstverein in Hamburg Kunsthalle- Altbau 10.3.- 29.4.1956), München 1955-56

Internetquellen

Cieschinger, Almut: Was ist eigentlich ein Harem?, http://www.spiegel.de/politik/ausland/emine-erdogans-aeusserung-was-ist-eigentlich-ein-harem-a-1081705.html (10.02.2017)

Prof. Goeppert, Sebastian: Konkordanz von Form und Farbe, http://www.malweiber.de/news/tate.htm (09.02.2017)

Trachtmann, Paul: Matisse und Picasso, http://www.smithsonianmag.com/arts-culture/matisse-picasso-75440861/ (09.02.2017)

Vogel, Sabine: Picasso „Les femmes d`Alger", http://sabinebvogel.at/picasso-le-femmes-d%C2%B4algier/ (09.02.2017)

Woeller, Markus: Entdecken Sie die Geheimnisse des Rekord- Picassos, https://www.welt.de/wirtschaft/article140870702/Entdecken-Sie-die-Geheimnisse-des-Rekord-Picassos.html, (07.02.2017)

http://www.duden.de/rechtschreibung/Harem (10.02.2017)

http://www.kunst-zeiten.de/Henri_Matisse-Leben (09.02.2017)

http://www.biography.com/people/pablo-picasso-9440021 (07.02.2017)

8. Bildanhang

Abb.1 Pablo Picasso in fortgeschrittenem Alter

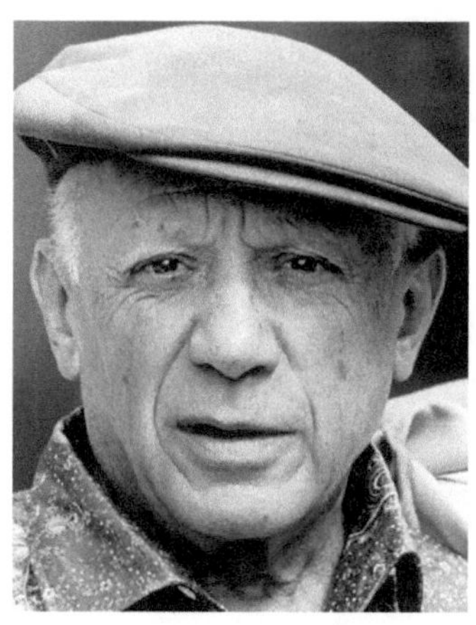

Abb.2 Picasso, Les femmes d'Alger (Version "O"), 1955, Öl auf Leinwand, 114 x 146,4 cm, Privatsammlung

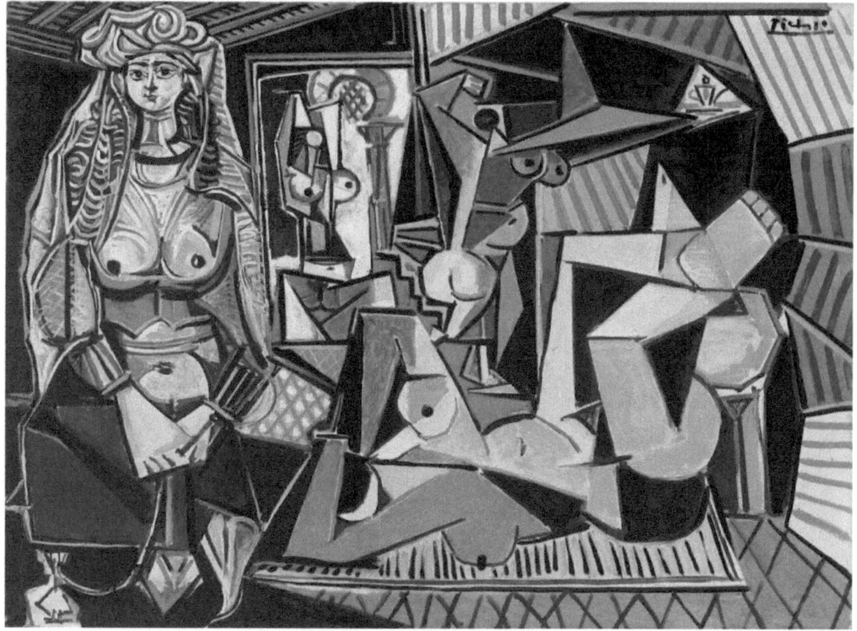

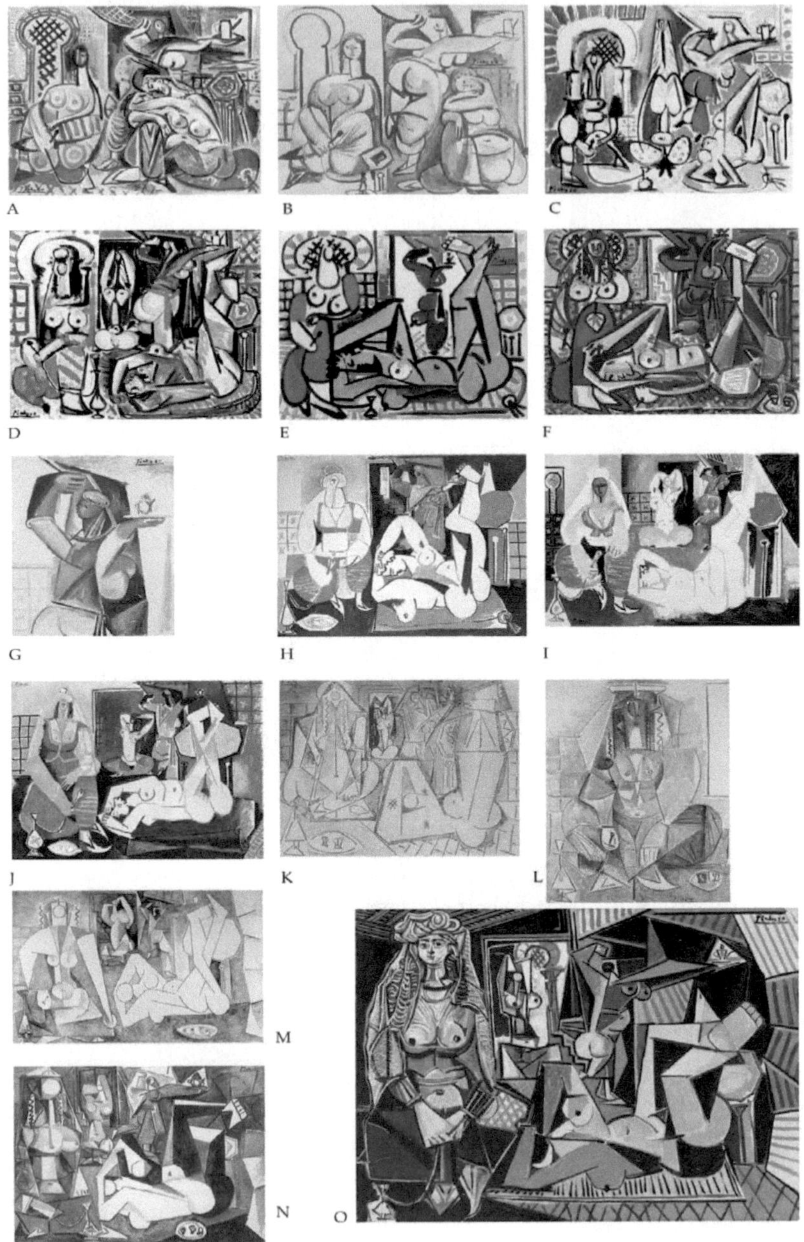

Abb.4 Eugène Delacroix, «Femmes d'Alger dans leur appartement», 1834. musée du Louvre, Département des Peintures, Paris

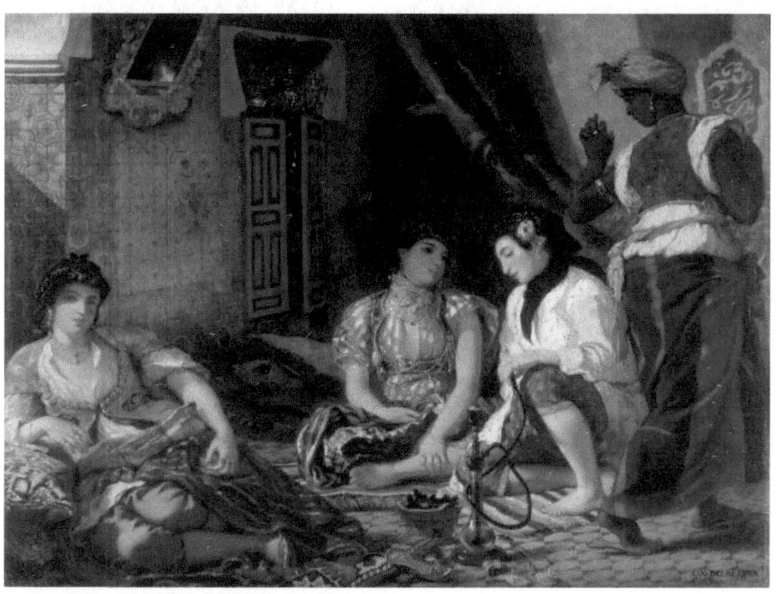

Abb.5 Henri Matisse, Odalisque sitting with board ,1928, Baltimore Museum of Art

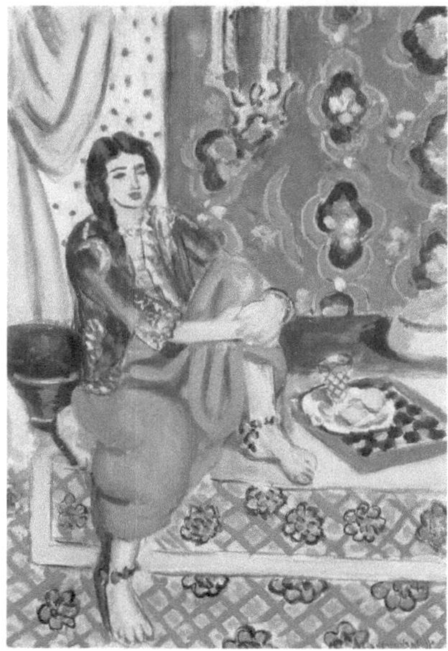

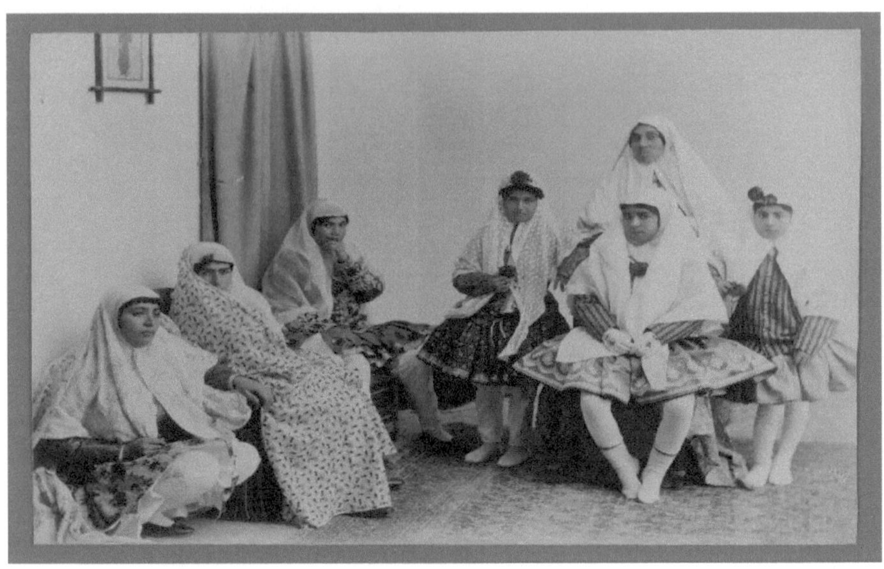

Abb.8 Dolorez Ruiz, Portrait de la soeur de L`artiste , 1898, Pastell, 40x37 cm, Privatsammlung Deutschland

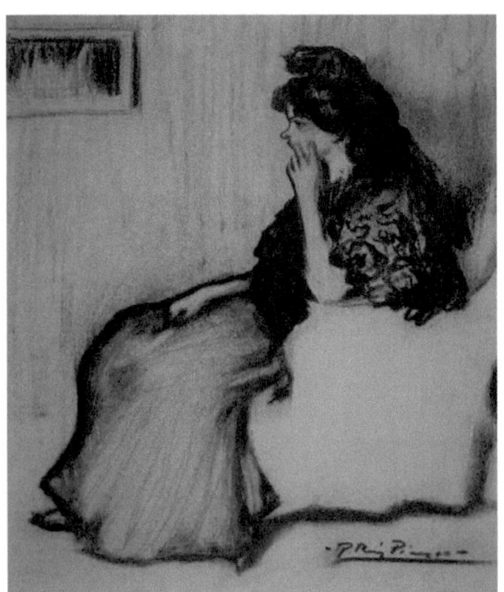

Abb.9 Suzanne Bloch, 1904, Sammlung Trudi Neuburg Coray, Ascona

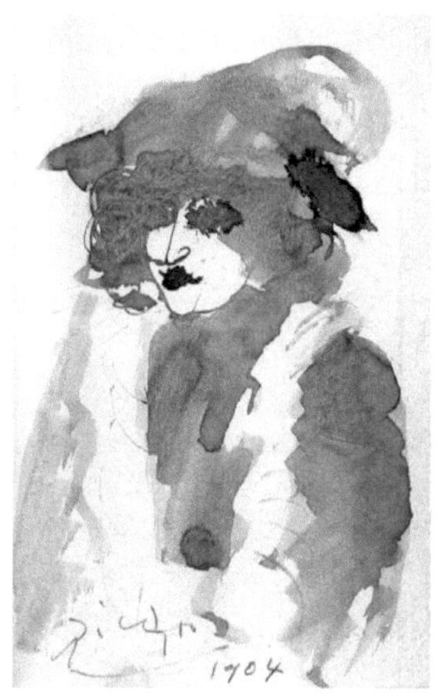

Abb.10 Fernande Olivier, 1906, Musee Picasso, Paris

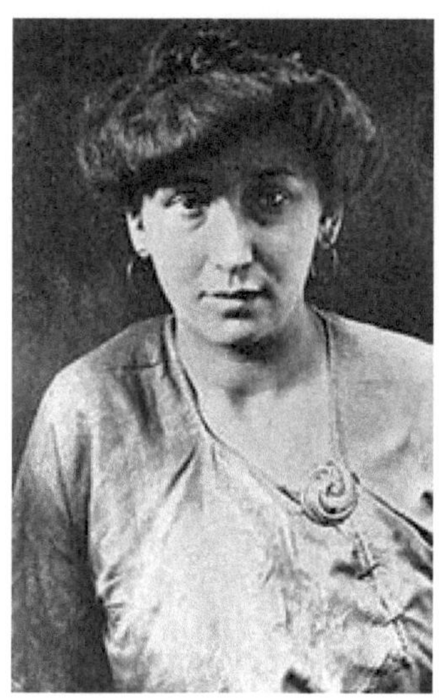

Abb.11 Fernande Olivier, Buste de femme au Bouquet, 1909, Öl auf Leinwand, 61,8x42,8 cm, Kunstsammlung Nordrhein- Westfahlen, Düssledorf

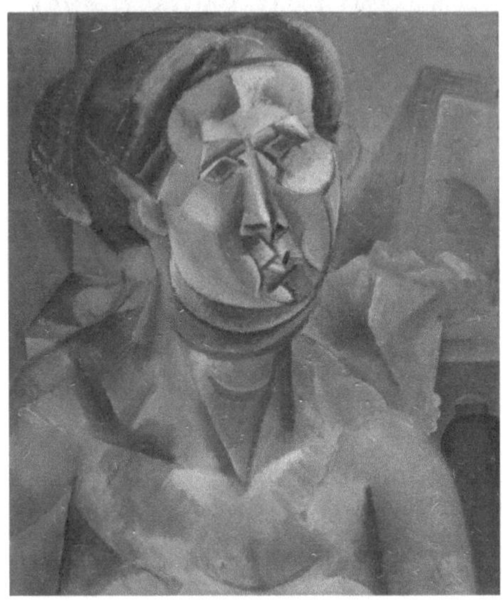

Abb.12 Fernande und Benedetta Canals im Atelier von Canals, 1904, Privatsammlung

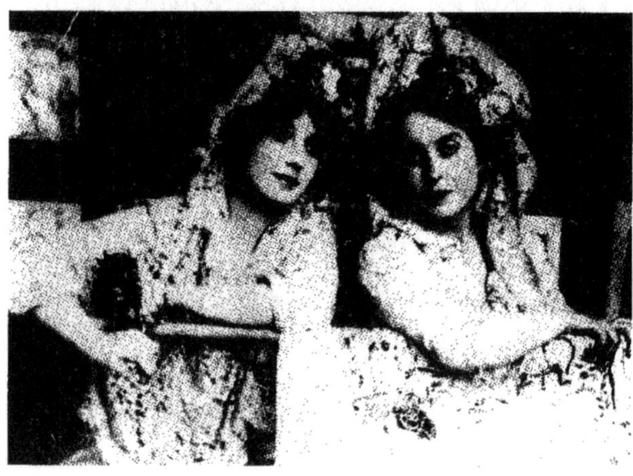

Abb.13 Eva Gouel

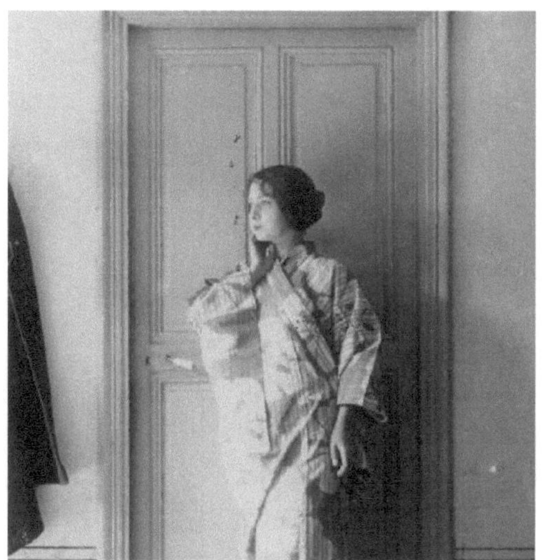

Abb.14 Skizze für femme au fauteuil (Eva Gouel), 1913, Privatsammlung

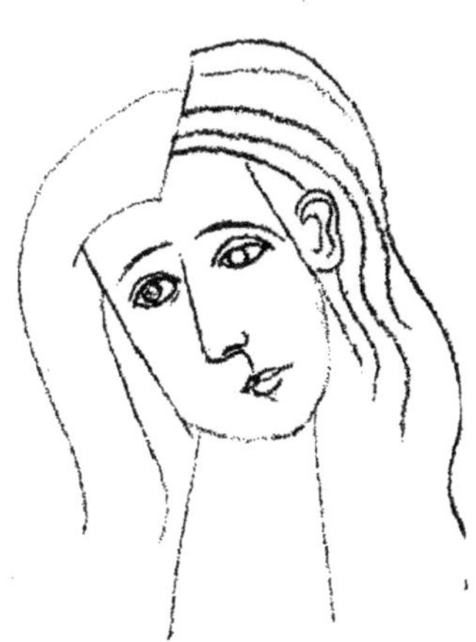

Abb.15 Olga auf dem Sofa, 1917, Sammlung Marina Picasso

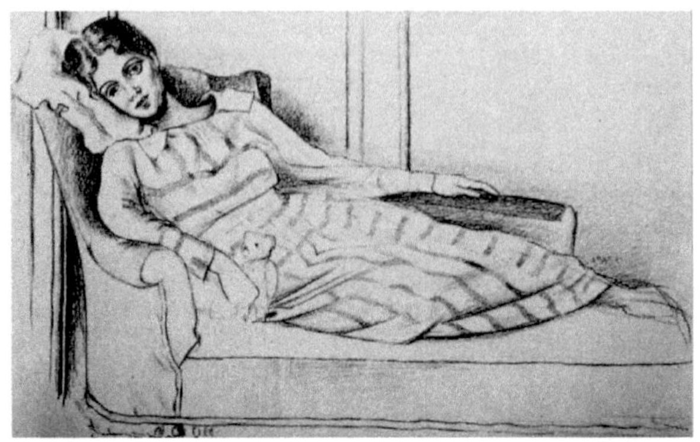

Abb.16 Olga Picasso

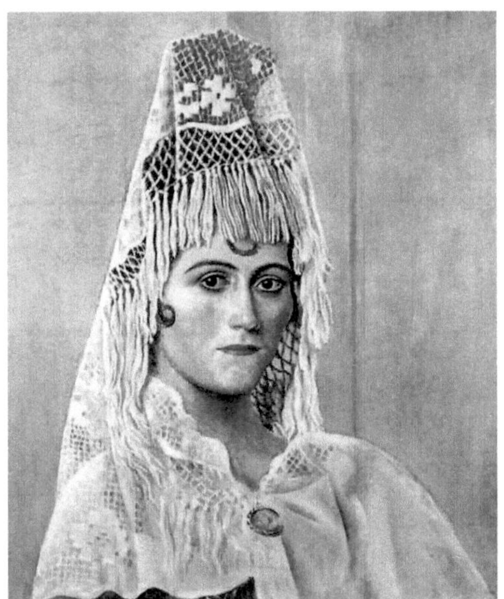

Abb.17 Portrait Dora Maar, 1941, Paris

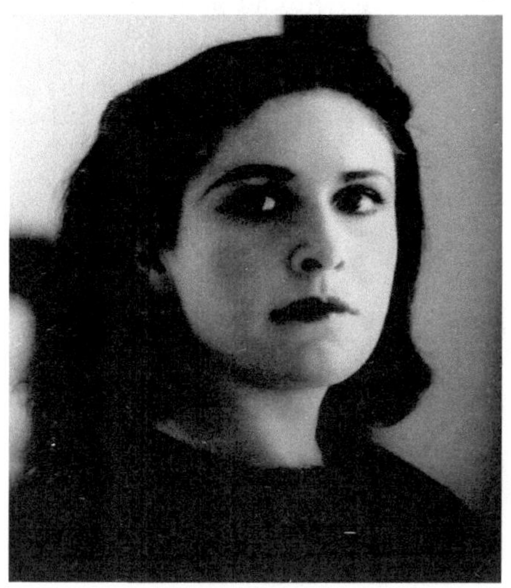

Abb.18 Picasso, Weinende Frau

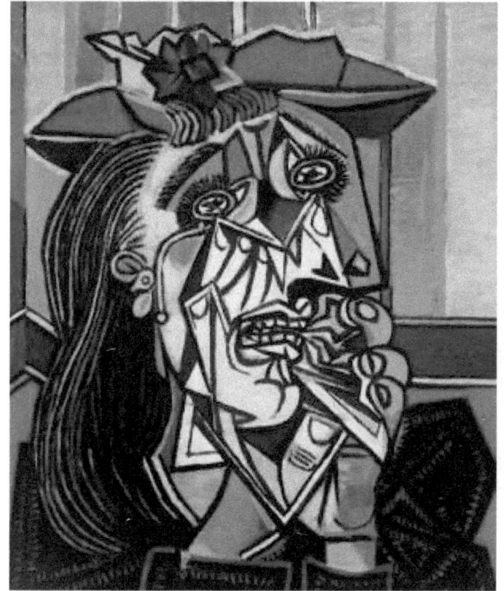

Abb.19 Dora Maar

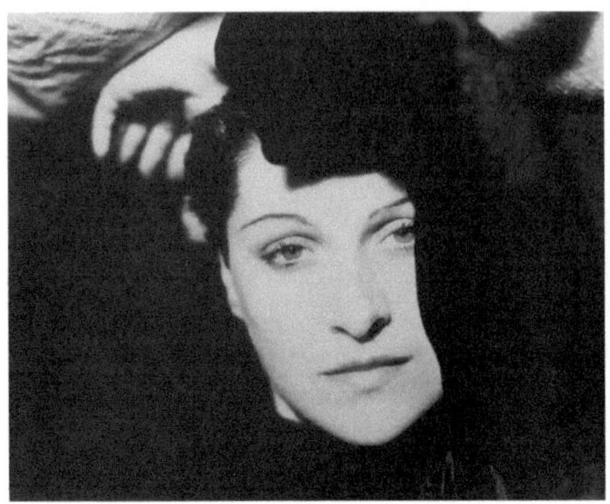

Abb.20 Jacqueline aux mains croisees , 1954, Öl auf Leinwand, 116x88,5 cm, Musee Picasso, Paris

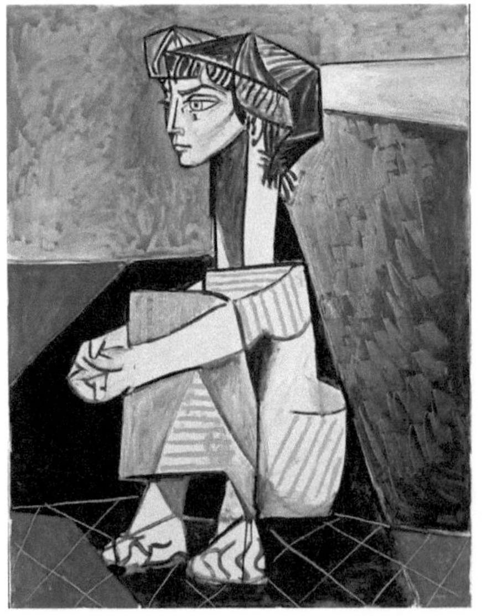

Abb.21 Jacqueline Picasso als Arlesirin

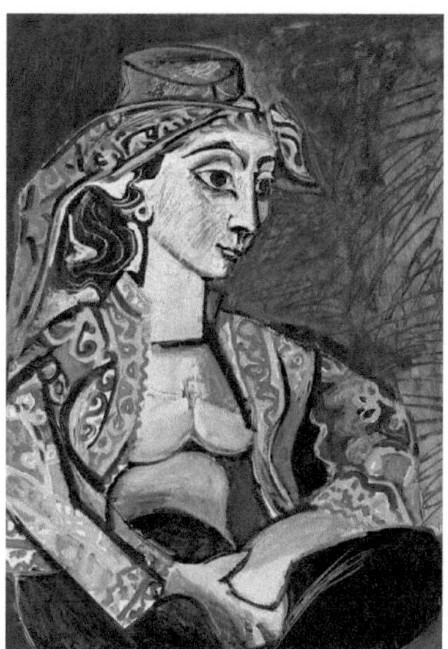

9. Bildnachweis

Abb.1

http://www.pablopicasso.net/Pablo%20Picasso.jpg

Abb.2

http://www.nachrichten.at/nachrichten/kultur/Ein-Bild-von-Picasso-koennte-den-Weltrekord-brechen;art16,1711950

Abb.3

http://images.google.de/imgres?imgurl=http%3A%2F%2Fwww.lafrimeuse.com%2Fwp-content%2Fuploads%2F2016%2F02%2Fall2.jpg&imgrefurl=http%3A%2F%2Fwww.lafrimeuse.com%2Ffr%2Fles-femmes-dager-pablo-picasso%2F&h=2400&w=1417&tbnid=8U0Qiiy1GcrVuM%3A&vet=1&docid=k2CmYsAc5B0QAM&ei=TxhuWIbzKs_vwALkmb_4Ag&tbm=isch&iact=rc&uact=3&dur=355&page=1&start=27&ndsp=33&ved=0ahUKEwjG1tjT3qrRAhXPN1AKHeTMDy8QMwhOKCwwLA&bih=811&biw=1548#h=2400&imgrc=8U0Qiiy1GcrVuM:&vet=1&w=1417

Abb.4

http://sabinebvogel.at/picasso-le-femmes-d%C2%B4algier/

Abb.5

Cowart, Jack und Dominique Fourcade: Henri Matisse. The Early Years in Nice 1916-1930. New York, 1986. S.218

Abb.6

http://sabinebvogel.at/picasso-le-femmes-d%C2%B4algier/

Abb.7

Mössinger, Ingried; Ritter, Beate; Drechsel, Kerstin (hrsg.), Picasso et les femmes. Kunstsammlungen Chemnitz (22.12.2002- 19.1.2003)

Abb.8

Mössinger, Ingried; Ritter, Beate; Drechsel, Kerstin (hrsg.), Picasso et les femmes. Kunstsammlungen Chemnitz (22.12.2002- 19.1.2003),S.21

Abb.9

Mössinger, Ingried; Ritter, Beate; Drechsel, Kerstin (hrsg.), Picasso et les femmes. Kunstsammlungen Chemnitz (22.12.2002- 19.1.2003),S.56

Abb.10

Mössinger, Ingried; Ritter, Beate; Drechsel, Kerstin (hrsg.), Picasso et les femmes. Kunstsammlungen Chemnitz (22.12.2002- 19.1.2003),S.70

Abb.11

Mössinger, Ingried; Ritter, Beate; Drechsel, Kerstin (hrsg.), Picasso et les femmes. Kunstsammlungen Chemnitz (22.12.2002- 19.1.2003),S.87

Abb.12

Mössinger, Ingried; Ritter, Beate; Drechsel, Kerstin (hrsg.), Picasso et les femmes. Kunstsammlungen Chemnitz (22.12.2002- 19.1.2003),S.81

Abb.13

Mössinger, Ingried; Ritter, Beate; Drechsel, Kerstin (hrsg.), Picasso et les femmes. Kunstsammlungen Chemnitz (22.12.2002- 19.1.2003),S.102

Abb.14

Mössinger, Ingried; Ritter, Beate; Drechsel, Kerstin (hrsg.), Picasso et les femmes. Kunstsammlungen Chemnitz (22.12.2002- 19.1.2003),S.107

Abb.15

Mössinger, Ingried; Ritter, Beate; Drechsel, Kerstin (hrsg.), Picasso et les femmes. Kunstsammlungen Chemnitz (22.12.2002- 19.1.2003),S.133

Abb.16

http://viola.bz/wp-content/uploads/2012/06/83.jpg

Abb.17

Mössinger, Ingried; Ritter, Beate; Drechsel, Kerstin (hrsg.), Picasso et les femmes. Kunstsammlungen Chemnitz (22.12.2002- 19.1.2003),S.208

Abb.18

http://www.magazin-forum.de/wp-content/uploads/2013/04/16-Das-war-Picasso-4-305x371.jpg

Abb.19

http://assets.loeildelaphotographie.com/uploads/photographer/photo/1363/dora_maar.jpg

Abb.20

http://images.telerama.fr/medias/2014/10/media_118341/pablo-picasso-son-oeuvre-au-gre-de-ses-amours,M173736.jpg

Abb.21

http://viola.bz/wp-content/uploads/2013/08/Jacqueline-in-Turkish-costume-1955-420x618.jpeg

BEI GRIN MACHT SICH IHR WISSEN BEZAHLT

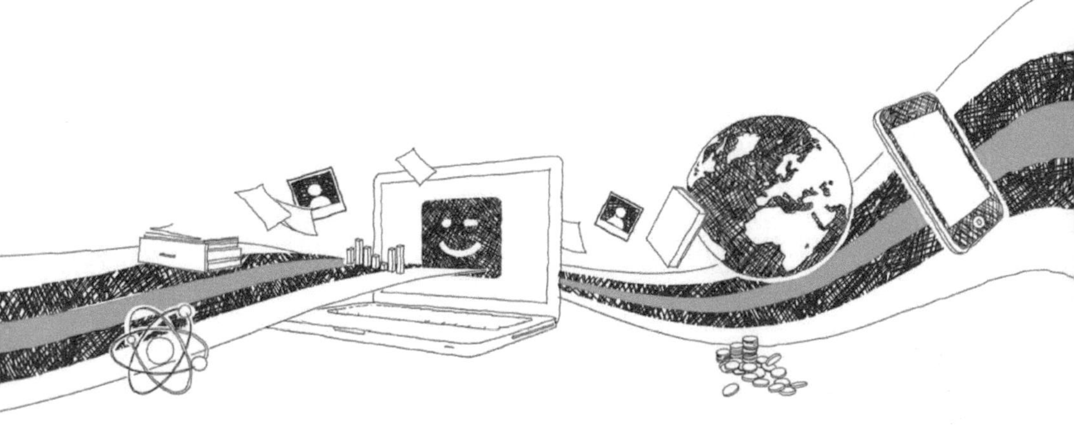

- Wir veröffentlichen Ihre Hausarbeit,
  Bachelor- und Masterarbeit

- Ihr eigenes eBook und Buch -
  weltweit in allen wichtigen Shops

- Verdienen Sie an jedem Verkauf

Jetzt bei www.GRIN.com hochladen
und kostenlos publizieren

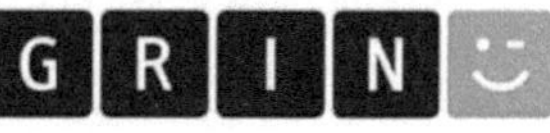